NUMEROLOGIE

ALTE WEISHEITEN

NUMEROLOGIE

Greg Russell

KÖNEMANN

Originalausgabe: © 1998 New Holland (Publishers) Ltd
24 Nutford Place
GB-London W1H 6DQ
Originaltitel: *Ancient Wisdom*. Numerology
Design: Peter Ward

Alle Rechte vorbehalten. Elektronische oder fotografische
Vervielfältigung, Einspeicherung in elektronische Systeme, Nachdruck
oder Übertragung in jeder Form nur mit vorheriger schriftlicher
Genehmigung des Rechteinhabers.

© 1999 für die deutsche Ausgabe:
Könemann Verlagsgesellschaft mbH
Bonner Str. 126, D-50968 Köln

Übersetzung aus dem Englischen:
Susanne Lück, Kölner Grafik Büro
Redaktion und Satz der deutschen Ausgabe: Kölner Grafik Büro
Projektleitung: Sylvia Hecken
Montage: Reproservice Pees, Essen
Herstellungsleitung: Detlev Schaper
Herstellungsassistenz: Ursula Schümer
Druck und Bindung: Sing Cheong Printing Co., Ltd.
Printed in Hong Kong, China

ISBN: 3-8290-2814-8
10 9 8 7 6 5 4 3 2 1

Dieses Buch kann keine professionelle diagnostische oder medizinische
Hilfe bei Krankheiten oder anderen allgemeinen Problemen ersetzen.
Die Ausführung der ausgesprochenen Empfehlungen erfolgt nach
eigener Einschätzung und auf eigene Gefahr.

INHALT

Jahrtausendealte Weisheit 7
Himmlische Zahlen 12
Die Null 14
Geburts-, Geistes- und Schicksalszahlen 16
Die Zahlen 1–9 18
Namenswerte 36
Zahlen und Gesundheit 48
Biblische Zahlen 50
Zahlen im Tarot 56
Quellennachweis 64

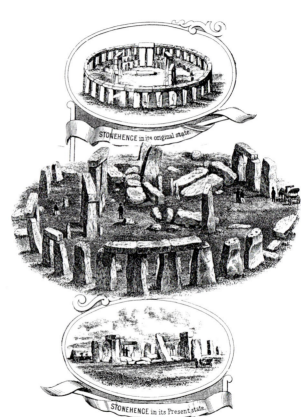

JAHRTAUSENDEALTE WEISHEIT

War Stonehenge der erste Computer? Verbergen die Strukturen der Pyramiden universelle Wahrheiten? Die tiefere Bedeutung von Zahlen fasziniert die Menschen schon seit Jahrtausenden, obwohl viele Informationen aus der Frühgeschichte verloren sind. Die verbleibenden Fragmente uralter Steintafeln oder Schriften aus Ägypten, China und Indien vermitteln einen Einblick in die Erkenntniswelt der frühen Mathematiker. Es wird spekuliert, daß die Numerologie, die Lehre von der geheimen Bedeutung der Zahlen, schon vor 10 000 Jahren von Babyloniern und Ägyptern betrieben wurde.

Im allgemeinen geht man davon aus, daß unser heute verwendetes Zahlensystem arabischer Herkunft ist, doch in den alten Hindu-

Schriften, der *Vedas* und der *Upanashads*, heißt es, daß die Grundlagen dafür von den Hindus stammten, die wiederum dieses Wissen direkt von den Göttern erhalten hätten.

Die von den weitgereisten Phönikern beeinflußten Chinesen schrieben den ungeraden Zahlen die Eigenschaften von Hitze, Feuer, Sonne, Tag und der Farbe Weiß zu. Die geraden Zahlen verbanden sie mit Kälte, Wasser, Mond, Nacht und der Farbe Schwarz. Diese Attribute nahm Pythagoras, der Vater der Mathematik und Numerologie, im 6. Jahrhundert v. Chr. mit in sein System auf. Er glaubte, die Bewegung der Planeten, die wechselnden Jahreszeiten und alle menschlichen Handlungen könnten mit mathematischen Gesetzen erfaßt und beschrieben werden. In seiner Hauptwirkungsstätte im italienischen Kroton formulierte der griechische Philosoph viele der grundlegenden Lehrsätze der Mathematik und Numerologie, die bis heute unverändert gültig sind. Er vertrat die Ansicht, alles in unserem Dasein könne auf mathematische Begriffe reduziert werden, unter anderem durch

gegensätzliche Begriffspaare. Dem ersten Gegensatzpaar gerade und ungerade folgen begrenzt und unbegrenzt, eins und viele, rechts und links, männlich und weiblich, Ruhe und Bewegung, gerade und gekrümmt, Licht und Dunkelheit, Gut und Böse, quadratisch und rechteckig.

Die Hebräer richteten sich nach einem anderen System, das der Tradition folgte, Buchstaben in Zahlen zu übersetzen. Ein großer Teil der Deutungsmöglichkeiten dieses Systems, das in den Rätseln der *Kabbala* enthalten ist, ist heute verloren. Es beruht auf den 22 Buchstaben des hebräischen Alphabets, von denen jeder mehrere Bedeutungsebenen besitzt – oft ihrem Erscheinen in den Büchern des Alten Testaments entlehnt.

Der Mystiker Agrippa von Nettesheim erarbeitete im 16. Jahrhundert ein numerologisches System, das im 18. Jahrhundert von Graf Cagliostro weiterentwickelt wurde. Beide Lehren sind stark mystischer Natur und weisen Verbindungen zur *Kabbala* auf. Aus dieser Zeit stammt die Methode, Personennamen durch Zahlen auszudrücken.

Auch Voltaire hatte Interesse an der Numerologie. Er schrieb: »So etwas wie Zufall gibt es nicht. Wir haben dieses Wort geschaffen, um die bekannte Wirkung einer unbekannten Ursache zu benennen.«

Im frühen 20. Jahrhundert war der bekannteste Numerologe Graf Louis Hamon, der diese Kunst unter dem Namen Cheiro ausübte. Er war auch verantwortlich für die moderne Form der Handlesekunst. Zu seinem Kundenkreis zählten namhafte Angehörige des Weltadels, und seine Bücher sind nach wie vor Standardwerke zu beiden Wissensgebieten.

Zahlen überwinden die Grenzen der Sprache, der Hautfarbe und sozialen Zugehörigkeit und spiegeln so die Universalität unserer Existenz. Die komplexe menschliche Persönlichkeit auf Zahlenwerte zu reduzieren, mag kalt und berechnend erscheinen, doch sind die Zahlen selbst nichts als Repräsentanten der Myriaden von Elementen, aus welchen unser Universum besteht – vom winzigsten Teilchen eines Atoms bis zu den unvorstellbar weiten Mysterien des Kosmos. Kurz vor dem Schritt ins neue Jahrtausend können wir von den vergangenen lernen und ihr Wissen um die Macht der Zahlen für die Gegenwart nutzen.

HIMMLISCHE ZAHLEN

Zwischen den Zahlen und der Astrologie herrscht eine Verbindung, die man seit Jahrhunderten kennt und nutzt. Unser Universum wurde von den frühen Mathematikern ebenso auf Zahlen reduziert wie von Atomphysikern unserer Zeit. Jedem Sternzeichen sind ein Planet und eine korrespondierende Zahl zugeordnet, denen man jeweils entsprechende Eigenschaften zuschreibt.

STERNZEICHEN	PLANET	ZAHL
Widder	Mars	9
Stier	Venus	6
Zwillinge	Merkur	5
Krebs	Mond	2 und 7
Löwe	Sonne	1 und 4
Jungfrau	Merkur	5
Waage	Venus	6
Skorpion	Mars	9
Schütze	Jupiter	3
Steinbock	Saturn	8
Wassermann	Saturn	8
Fische	Jupiter	3

Sonne und Mond werden aus historischen Gründen je zwei Zahlen zugewiesen, da zum Zeitpunkt eines Großteils der entscheidenden astrologischen Forschung außer Sonne und Mond nur fünf Planeten bekannt waren. Uranus regiert die 4, Neptun die 7 und Pluto die 8 und die 9. Ihre Einflüsse sind nicht stark, doch kann es nicht schaden, für astrologische Deutungen auch ihre Position zu berücksichtigen.

DIE NULL

Die Numerologie beschäftigt sich mit den Zahlen 1 bis 9, auf die sich alle anderen, wie etwa die Geburts-, die Namens-, die Vokal- und die Konsonantenzahl, reduzieren lassen. Die Null (0) kann in diese Berechnungen nicht einbezogen werden, da sie einer Zahlenfolge an deren Beginn nichts hinzufügt und auch andere Ziffern, die sie begleitet (etwa 10 oder 100), um keinen neuen Wert der Quersumme erhöht. Sie kann jedoch innerhalb des Systems als die Zahl – oder besser das Fehlen der Zahl – definiert werden, die das Nichts, die Leere verkörpert, aus der alle Schöpfung hervorging. Die Null wird so zu einem Symbol des Universums, zur buchstäblichen Verkörperung des Brahman, des Nichts in Form des kosmischen Eies. Sie kann das unendlich Große oder das unendlich Kleine verkörpern – das ganze Universum oder das subatomare Teilchen.

Die Zahl 10 existiert nur als eine zusammengesetzte Ausdrucksform der Sonnenzahl 1 (10 = 1 + 0 = 1). Um die wahre Bedeutung einer Zahl zu erfahren, muß sie stets

auf eine solche zusammengesetzte einziffrige Form, die
Quersummenzahl, gebracht werden.

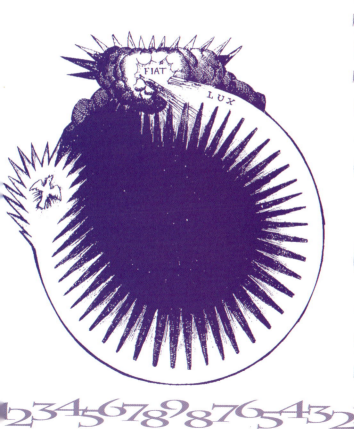

GEBURTS-, GEISTES- UND SCHICKSALSZAHLEN

Diese Zahlen ergeben sich aus dem Geburtsdatum, also den Zahlen des Tages, Monats und Jahres. Die Tageszahl liegt zunächst zwischen 1 und 31, die Monatszahl zwischen 1 und 12; dann folgt die gesamte Jahreszahlenfolge.

Die Tages- oder Geisteszahl liegt entweder direkt zwischen 1 und 9 oder ergibt sich aus der einziffrigen Quersumme der höheren Zahlen. Wer am 19. eines Monats geboren ist, erhält als Geisteszahl 1 + 9 = 10 und dann 1 + 0 = 1. Diese Zahl zeigt, wie Sie sich selbst sehen.

Die Schicksalszahl ist die Einzelziffer, die sich aus der Quersumme des gesamten Geburtsdatums ergibt. Das Geburtsdatum 2. Juni 1960 ergibt beispielsweise folgende Schicksalszahl:

2 + 6 + 1 + 9 + 6 + 0 = 24
2 + 4 = 6

Die 6 also, die Zahl der sexuellen Anziehungskraft, welche von der Göttin Venus und der Farbe Grün regiert wird und durch blühendes Pflanzenleben ihren symbolischen Ausdruck findet, ist hier die Schicksalszahl (vgl. S. 28). Sie drückt aus, was Sie im Leben verdienen oder erwarten.

Andere Zahlen von großer Bedeutung sind die Namenszahl, welche die Charakterbildung wiedergibt, die Vokalzahl, die für Ego und äußere Erscheinung steht, und die Konsonantenzahl, die dem Id oder inneren Ich Ausdruck verleiht (dazu folgen später genauere Informationen).

1

Diese Zahl ist mit der Sonne und den astrologischen Feuerzeichen Löwe, Schütze und Widder verbunden. Sie alle bringen persönliche Führungsqualitäten mit sich, was bei den alten Ägyptern im Bild von Chepre, der aufgehenden Sonne, die den neuen Tag begrüßt, seinen Ausdruck findet. In vielen Religionen ist sie die Zahl der Wiederauferstehung – wie bei Jesus Christus oder Osiris. Als erste aller Zahlen, die sich aus dem Nichts oder Chaos erhebt, steht

sie für neue Anfänge, Abschluß mit der Vergangenheit und unbändige Energie. Sie gilt als männlich und selbstsicher.

Wer am 1. eines Monats geboren ist oder, noch wichtiger, an einem 11., in dessen Leben spielt diese Zahl eine große Rolle. Wenn sie die Geburtszahl ist, deutet das auf eine schlanke Figur mit blendendem Aussehen hin. Charakteristisch ist auch eine (häufig blonde) Haarfülle, die typische Löwenmähne. Die 1 ist die Zahl des Goldes, und vermutlich gehört ein perfekter Teint dazu, der Sonnenbräune rasch annimmt. Der Gesamteindruck wird von Aktivität und Lebhaftigkeit, von Fitneß und guter Gesundheit bestimmt.

Die 1 als erste Zahl ist auch eine junge Zahl, so daß eine gewisse Unreife, ein Anflug von Kindlichkeit sich hin und wieder auch im erwachsenen Menschen Bahn brechen können. Der Versuch, Menschen zu führen, die keinerlei Führung wünschen, kann eine Neigung zu gekränkter Enttäuschung mit sich bringen. Selbst mögen solche Führungspersönlichkeiten keine Anweisungen annehmen. Ihr starkes Bedürfnis nach Loyalität erklärt, warum sie sich oft schon bei den geringsten Verstößen verletzt fühlen.

Die erklärte Nummer 1 bei vielen anderen zu sein, bringt noch nicht das Recht mit sich, diesen Platz in jeder Situation zu beanspruchen. Hüten Sie sich vor Eitelkeit!

2

Diese Zahl gehört zum Mond als in den meisten Mythologien zweitwichtigstem Himmelskörper. Die beiden Enden der Neumondsichel werden mit Zwillingspaaren wie Castor und Pollux, den Zwillingen des astrologischen Zeichens, in Verbindung gebracht. Doch stehen sie auch für die beiden Hörner und Hufe des Teufels. Mit der Zeit wandelte sich der Mond von einem ursprünglich männlich belegten Symbol zu einem Sinnbild der Weiblichkeit – u. a. aufgrund der Parallelen zwischen Mondphasen und Menstruationszyklus. Man schreibt ihm die grundsätzlich weiblichen Attribute der Anmut, Kühle und rätselhaften Undurchdringlichkeit zu.

Am 2., 20. oder 22. eines Monats Geborene besitzen oft unverkennbar von der mythischen Natur des Mondes

geprägte Züge, viel Intuition, geistige Kräfte und außergewöhnliche Sensibilität. Männer mit dieser Geburtszahl neigen vielleicht zu feminineren Eigenschaften, schmalem Körperbau oder der Neigung, sich zu unterschätzen und nur schwer behaupten zu können. Die Farben der 2 sind Weiß und alle wäßrig-hellen Töne, was auf helle Haut hinweist, die

Sonnenlicht nicht gut verträgt, auf blaßblondes, dünnes Haar und eine sanfte Stimme, die nur sehr selten im Streit erhoben wird. Widerstehen Sie dem Drang, zu häufig auf unaufrichtige Ausflüchte und Schmeicheleien zurückzugreifen, da Sie sonst vielversprechende Beziehungen gefährden.

3

Diese Zahl besitzt mystische Eigenschaften, die aus vielen Kulturen stammen. In Märchen spielt die 3 eine große Rolle – als die drei Schwestern, freien Wünsche oder Fragen. In der christlichen Religion begegnet sie uns als die Dreifaltigkeit Vater, Sohn und Heiliger Geist. Der chinesische Philosoph Lao-tse hielt die 3 für die Zahl, aus der einst unzählige Wesen hervorgingen, die sich den beiden elementaren Kräften Yin und Yang anschlossen, die eine wichtige Grundlage fernöstlichen Denkens bilden. Die 3 mag auch von besonderer Bedeutung gewesen sein, weil es in den Ländern der frühen großen Zivilisationen drei Jahreszeiten gab: Frühling (Wachstum), Sommer (Frucht) und Winter (Schlaf). In der griechischen Mythologie gebar die Erdgöttin Rhea drei Söhne – Hades, Poseidon und Zeus –, die die Herrschaft über die Unterwelt, das Meer und den Himmel übernahmen. Auch die drei Grazien, Sinnbild jugendlicher Anmut, spielten eine wichtige Rolle.

Wer am 3. oder 30. eines Monats geboren ist, übernimmt die Eigenschaften dieser Zahl: hohe Intelligenz und Weisheit, ein reges Liebesleben und großen sexuellen Appetit. Auch das Bedürfnis nach Fortpflanzung ist ausgeprägt.

Die typischer 3er-Figur ist kräftig und kann bei ungenügender Achtsamkeit zu Korpulenz neigen. Eine stark extrovertierte Persönlichkeit, die nicht gern allein ist, und ein für neues Wissen stets aufnahmebereiter Geist.

Die Farbe der 3 ist Violett, die kaiserliche Farbe, die aber auch den Teint schädigen und eine Warnung vor zu großer Vorliebe für Essen und Trinken darstellen kann.

4

Die Sonne regiert zwei Zahlen, neben der 1 auch die 4, da ihr Tages- und Jahreslauf in zwei Phasen aufgeteilt werden kann. Die 4 ist die Zahl der untergehenden Sonne, in vielen Kulturen durch die Schlange symbolisiert. Der Wagen des griechischen Sonnengottes wurde von vier Pferden gezogen, und Zeus zeugte vier Olympgötter: Hermes, Apollo, Artemis und Dionysos. Solche Vorgänger vermachen 4er-Menschen häufig ein klassisch-griechisches Profil. Die 4 spielt außerdem eine Rolle bei den vier Jahreszeiten, Elementen, Windrichtungen, Himmelsrichtungen und den vier Buchstaben YHVH, die in der *Kabbala* und anderen Geheimlehren für den Namen Gottes stehen. An einem 4. oder 14. (der sogar aus beiden Sonnenzahlen besteht) Geborene verfügen über ein nach außen hin sehr ruhiges Wesen, das eine aggressive innere

Persönlichkeit verbirgt. Ein zäher Körper und unbeirrbarer Geist sind stets mit der Bewältigung möglichst schwerer Aufgaben beschäftigt. Die Arbeit wird mit Freude erledigt, die durch sie erworbenen Verdienste ausgiebig genossen. Eine gewisse Schüchternheit und Mangel an Selbstvertrauen bringen Probleme für beginnende Beziehungen mit sich. Doch einmal eingegangene Beziehungen sind von dauerhafter, loyaler Natur. Halten Sie Ihre inneren Aggressionen unter Kontrolle – bedenken Sie, daß auch die apokalyptischen Reiter zu viert auftreten.

5

Die 5 ist die Zahl des Planeten Merkur, benannt nach dem Götterboten, dem auch die Aufgabe oblag, die Toten ans Ufer des Styx zu bringen, von wo aus der Fährmann Charon sie der Unterwelt zuführen konnte. Merkurs Mutter war Maia, eine der Pleiaden, denen von Orion so lange nachgestellt wurde, bis Zeus sie in Sterne verwandelte.

Der fünfte Monat Mai wurde nach ihr benannt. Die fünf Finger einer Hand werden mit Merkur assoziiert, die frühen Astrologen kannten neben Sonne und Mond 5 Planeten, und bei den Chinesen gilt sie als die Zahl, die sämtliche Lebensbereiche wesentlich beeinflußt.

Der Götterbote Merkur war sowohl körperlich als auch geistig immer in Bewegung, und diese Agilität überträgt sich auf an einem 5. geborene Menschen – in guter wie in schlechter Hinsicht. An einem 15. Geborene sind ausgeglichener. Sie sind meist von schlanker Statur und bleiben es wegen ihres rasanten Stoffwechsels und hyperaktiven

Verhaltens auch, selbst wenn sie es darauf anlegen, ein wenig zuzunehmen. Die Farbe des Merkur ist Gelb, das sich in Teint, Augen- oder Zahnweiß zeigen kann.

Ein merkurisches Talent ist der Umgang mit Worten, besonders dann, wenn es um sexuelle Verführungskünste geht – die 5 ist auch die Zahl der sexuellen Lust.

Viele gute 5er-Eigenschaften werden von Schattenseiten getrübt: Die fröhliche Offenherzigkeit leidet unter Unsicherheit und Ungeduld, effektive Entschlossenheit unter endlosen Ausflüchten. Die 5 besitzt den Geist eines innovativen Erfinders, avantgardistischen Schriftstellers oder *enfant terrible* der bildenden Künste. Doch Vorsicht: Bedenken Sie, daß Genie und Wahnsinn niemals weit voneinander entfernt sind.

6

Diese Zahl übt eine unmittelbare Anziehungskraft aus, denn sie ist die Verkörperung von Liebe, Ehe und Partnerschaft. Ihr Planet ist die Venus, die Göttin der Liebe. Doch gehört auch eine Schattenseite dazu, denn Liebe kann außer Freude auch Schmerz mit sich bringen. Sie ist die Zahl der weiblichen Sexualität und Fortpflanzung. Ihre Wurzeln sind Heim und Herd; das durch harte Arbeit erworbene Glück ist ihr Gefühl. In der griechischen Mythologie hat sie ihren Platz als die Zahl der Kinder der Erdgöttin Rhea und die jeweilige Anzahl der Götter und Göttinnen des Olymp (in erster Generation). Der sechste Monat Juni ist nach Juno, der römischen Göttin der Ehe, benannt. Die Bibel spricht von sechs Tagen, in denen Gott die Welt erschuf.

Am 6., 16. oder 26. eines Monats, vor allem im Juni, Geborene können sich über außergewöhnlich erfolgreiche persönliche Beziehungen freuen. Ohne große Sorgfalt in puncto Ernährung und sportliche Betätigung besteht trotz einer grundsätzlich schönen Figur die Neigung zu Übergewicht. Grün ist die Farbe der 6, die sich oft in großen, hellen Augen zeigt. Angenehme Umgangsformen verbinden offene Freundlichkeit mit einer gewissen Introvertiertheit. Ihre Freunde sind meist von ruhigem Wesen, möglicherweise mit künstlerischer Begabung, die das musische Interesse der 6er-Menschen spiegelt. Das Leben dreht sich um Heim und Familienleben. Das Bedürfnis, für ihre Partner attraktiv zu wirken, kann zu einer übertriebenen Vorliebe für Kleidung oder Kosmetik führen. Vergessen Sie nicht: Schönheit ist nicht das einzige, was zählt.

7

Die 7 ist die interessanteste und geheimnisvollste der neun Einzelzahlen. In Mythologie und Märchenwelt wird sie mit Schlaf, Frieden und Tod in Verbindung gebracht. Gott erschuf die Welt in sechs Tagen und ruhte am siebten, und im babylonischen *Gilgamesch-Epos* erzählt der Held, wie sich das Meer nach sechs Tagen Flut, Regen und Sturm am siebten Tag wieder beruhigte. Sie ist die Zahl des abnehmenden Mondes und kann Krankheit oder sogar den Tod voraussagen. Sie ist auch die Zahl des geistig Unbewußten und der okkulten Weisheit.

Unser Universum steckt voller 7er-Einheiten: sieben Wochentage, Regenbogenfarben, Säulen der Weisheit, Stufen der babylonischen Zikkurats und sieben Arme der jüdischen Menora. In China regiert die 7 als dem Mondzyklus zugeordnete Zahl alles Weibliche. Sie steht durch ihre Verbindung zu Kronos, dem griechischen Gott der Zeit und siebten Sohn von Uranos, für die Zeit im Allgemeinen. An einem 7. oder 17. Geborene können mit starken 7er-

Einflüssen rechnen. Am 27. eines Monats regieren beide Mondzahlen, so daß die typischen Mondeigenschaften mit zyklisch wechselnden Launen hier noch stärker zum Zug kommen. Der siebte Monat Juli wurde nach Julius Cäsar benannt, nach dessen Tod ein

Komet sieben Tage lang am Himmel gestanden haben soll. 7er-Menschen sind von kurzer bis mittelgroßer Statur und neigen zu Gewichts- und Hautproblemen. Teure Kleidung und Äußerlichkeiten interessieren sie nicht sonderlich. Ihre innere Persönlichkeit aber könnte nicht offenherziger und freundlicher sein, was auch durch die Farbe der 7, Azurblau, ausgedrückt wird. Zu ihren Schwächen zählt ein Hang zu physischem Komfort. Vergessen Sie nicht, daß die 7 auch die Anzahl der Todsünden ist.

8

Ausgeglichenheit und Harmonie sind die Schlüsselbegriffe für die 8, die sich, waagerecht betrachtet, als Symbol der Unendlichkeit liest. Ihr Planet ist der Saturn, der die Welt der dunklen Geheimnisse, der Phantasie und des Unbewußten regiert. In Verbindung mit dem abnehmenden Mond steht sie auch für das voranschreitende Leben, das Alter, die Weisheit und die Geduld, die mit dieser Lebensphase assoziiert werden. Auf der anderen Seite kann sie auch Bedauern und Desillusion, geschwächte Gesundheit und andere Probleme andeuten, die das Alter mit sich bringt.

An einem 8., 18. oder 28. Geborene sind von solchen Saturn- und Mondeinflüssen geprägt und müssen oft erfahren, daß die alten Mythen über ungewöhnliches Verhalten in Vollmondnächten ein Körnchen Wahrheit enthalten.

Stark von der 8 geprägte Menschen besitzen vermutlich eine schlaksige Figur, oft auch lange oder vorstehende Zähne, die jedoch kaum zum Vorschein kommen, da Saturn-

Menschen selten lächeln. Die Persönlichkeit der 8 ist von kühlen Emotionen geprägt und ganz auf ihr Inneres gerichtet. Die Farbe dieser Zahl ist Schwarz (bzw. die dunkelsten Schattierungen anderer Farben), was sich in Teint- und Haarfärbung zeigt. Enge Beziehungen werden durch diese Distanziertheit erschwert, und die früh erreichte persönliche Reife bedeutet oft, daß Meinungen äußerst direkt zum Ausdruck gebracht werden. Strenge Ideale beherrschen Gefühl und Verstand, weshalb gern Rat bei 8er-Menschen gesucht wird. Versuchen Sie, direkt, aber verständnisvoll zu sein. Saturn kastrierte seinen Vater Uranos. Lassen Sie sich Beziehungen nicht durch hochgesteckte Prinzipien zerstören.

9

Die letzte der Einzelzahlen ist der aufgehenden Sonne und dem Planeten Mars zugeordnet. Es ist die Zahl, die den Lebensfunken entzündet – die Entwicklungszeit des Menschen von der Zeugung bis zur Geburt beträgt neun Monate. Gefolgt wird die 9 von der 10, deren Quersumme die 1 ist und die damit die Folge von neuem beginnt. In der griechischen Mythologie wurde Phyllis am neunten Tag, den sie auf ihren Geliebten wartend verbracht hatte, in einen Mandelbaum verwandelt. Hephaistos, der das Feuer vom Himmel holte, wurde im Alter von neun Jahren mit seiner Mutter Hera vereint. Die neunjährigen Monsterzwillinge Otos und Ephialtes, die neun Klafter hoch und neun Ellen breit waren, versuchten, den Olymp zu erklimmen, indem sie den Berg Pelion auf das Ossa-Gebirge stellten. Alle neun Jahre entsandten die Athener ihren Tribut von sieben Knaben und sieben Mädchen als Opfergabe an den Minotauros nach Kreta. Die 9 ist gleichzeitig die Zahl der Weisheit und der Unwissenheit, der Tugend und der

Verschwendung. Der 9. eines Monats bringt starke Einflüsse
dieser Zahl mit sich, doch am 19. oder 29. (auch im September) Geborene spüren ihre Wirkung weniger. Denn der
September war ursprünglich der 7. Monat. 9er-Menschen
sind oft von kräftiger Statur, die zu einer gewissen Ungeschicklichkeit führen kann. Eine Neigung zu starkem Bartwuchs (für Frauen problematisch) versteckt oft die Züge;
auch Muttermale treten häufiger auf. Da zur 9 die Farbe
Rot gehört, sind geröteter Teint und dunkles Haar typisch.
Kleinere irritierende Gewohnheiten werden von einer
generell selbstsicheren Persönlichkeit ausgeglichen, die
eventuell zum Ungestüm neigt. Mars war ein großer
Krieger, doch brachte ihn voreiliges Handeln oft zu Fall.

NAMENSWERTE

Ein Name kann auf drei bedeutungstragende Zahlen gebracht werden: die Namens-, die Vokal- und die Konsonantenzahl, die jeweils bestimmte Eigenschaften mit sich bringen. Alle drei lassen sich durch die Zahlenäquivalente der Alphabetbuchstaben errechnen:

1	2	3	4	5	6	7	8	9
A	B	C	D	E	F	G	H	I
J	K	L	M	N	O	P	Q	R
S	T	U	V	W	X	Y	Z	

Umlaute zählen als ae, oe, ue. Die Namenszahl errechnet sich aus der Quersumme aller Buchstabenzahlen eines Namens:

```
P E T E R        P A N
7 + 5 + 2 + 5 + 9    7 + 1 + 5 = 41
                     4 + 1 = 5
```

Die 5 gehört zum Götterboten Merkur und steht für eine schlanke Figur und sexuelle Ambivalenz – die perfekte Beschreibung für die Kinderbuchfigur Peter Pan. Namenszahlen stehen für Persönlichkeit und Charakter eines Menschen, die sich mit den Jahren entsprechend verändern können. Es ist zum Beispiel eine durchaus übliche Veränderung, seinen Taufnamen zu einer gebräuchlichen Kurzform zu ändern, so daß etwa aus Thomas Tom wird, wodurch sich auch die Namenszahl ändert. Ein Nachname kann sich durch eine Eheschließung ändern, die ja auch einen bedeutenden Schritt für die Charakterentwicklung darstellt.

Die Vokalzahl

Die Vokalzahl eines Namens steht für das Freudsche Ego, das bewußte und äußerliche Ich. Die innere Persönlichkeit beschreibt dann die Konsonantenzahl.

Die Vokalzahl wird berechnet, indem man der Tabelle auf S. 36 die Vokalwerte des Namens entnimmt und dann die einziffrige Quersumme bildet:

```
P   E   T   E   R      P   A   N
    5      +5          +1         = 11
                        1 + 1     = 2
```

Peter Pan steht also unter den stark femininen und phantasiebetonten Einflüssen der Mondzahl 2.

In Kürze stehen die Vokalwerte für folgende Eigenschaften:

1: Eine offene und selbstsichere Persönlichkeit, die jedoch vom eigenen Wert auch etwas zu sehr überzeugt sein kann. Nehmen Sie sich also vor Selbstsucht in acht und bieten Sie Ihre Freundschaft auch Menschen an, die sich nicht als beflissene Adepten erweisen. Geld ist wichtig für Sie, doch auch Geselligkeit hat obere Priorität, und Sie gewinnen leicht Freunde. Das beste Gegengewicht bietet die 5, die untergehende Sonne, als Idzahl.

2: Ihnen mangelt es an Selbstvertrauen, obwohl Sie große kreative Talente besitzen. Ihre natürliche Zurückhaltung und Unentschlossenheit setzen Sie geschickt zu Ihrem Nutzen ein. Sie sind ein guter Ratgeber und Heiler. Am besten passen die Idzahlen 4, 6 und 8, da sie als Vielfache der 2 Unterstützung bieten.

3: Extrovertiert und selbstbewußt, wie Sie sind, sind Sie vielleicht auch Luxus und Bequemlichkeit ein wenig mehr zugetan, als gut für Sie ist. Direktheit und Offenheit betreiben Sie oft bis zur Schmerzgrenze. Sie sind ein ebenso eifriger Lehrer wie wißbegieriger Schüler, besonders auf künstlerischem Gebiet. Als Idzahl gleicht die 7 am besten aus.

4: Sie erscheinen verläßlich, verantwortungsbewußt und beständig, doch werden Sie von Selbstzweifeln geplagt. Zwar streben Sie in Beziehungen oder bei der Arbeit nach Unabhängigkeit, doch hoffen Sie insgeheim auf ein geregeltes Leben. Ihr handwerkliches Geschick findet auch wirksamen Einsatz in künstlerischen Tätigkeiten, im Architektur- oder Designbereich. Sie bleiben so lange wie möglich für sich und schieben auch feste Beziehungen gern lange auf. Den besten Ausgleich bietet die 8 als Idzahl.

5: Ein scharfer Verstand, der es mit jeder Neuerung aufnehmen kann, Ihnen aber sehr wenig Geduld zugesteht. Intellektuelle Spiele sowie das Erlernen neuer Sprachen und Fertigkeiten sind für Sie bevorzugte Tätigkeiten. Gefühlsmäßigen Verpflichtungen gehen Sie aus dem Weg, da sie Ihrem Verstand hinderlich sind. Es besteht eine Neigung zur Zwanghaftigkeit, etwa in bezug auf Sauberkeit oder Pünktlichkeit. Ihre Liebe zu Klatsch und Tratsch macht Sie zum wenig verläßlichen Vertrauten. Am besten paßt eine Idzahl von 1 oder 9, um mit der aufgehenden Sonne die untergehende auszugleichen.

6: Ein ausgeprägtes, harmonisches Ego, wenn auch ein wenig distanziert und zurückhaltend. Streit und Unordnung stören Sie ebenso wie Ungerechtigkeit. In Ihrem Innern spüren Sie vielleicht den Drang, einen strikten Standpunkt zu vertreten, doch ziehen Sie es dann doch vor, fairerweise immer beide Seiten eines strittigen Themas zu sehen. Beziehungen können Sie, besonders in späteren Jahren, wenn die Euphorie gewichen ist, durch Ihre Unentschlossenheit gefährden. Eine gerade

Idzahl, außer der 6, paßt als harmonisierender Ausgleich am besten zu Ihnen.

7: Sie sind kreativ und hochintelligent, doch Ihre Interessen sind zu weit gestreut, so daß Sie Ihre Projekte nicht immer strikt durchhalten. Ihr Intellekt regiert, ist

jedoch ähnlich sprunghaft. Sie möchten gern jedem gefallen und brauchen als Ausgleich einen Helfer, wie etwa die Konsonantenzahl 3, Zahl des Lichts, des Mittags und des Jupiter.

8: Eine beständige und bedachtsame Zahl – wenn auch gelegentlich die Phantasie sich Bahn bricht. Trotz Ihrer konventionellen Art ist Ihnen Ihre äußere Erscheinung nicht sehr wichtig. Sie mögen keine plötzlichen Veränderungen und kommen mit Menschen, die ständig in Bewegung sein müssen, nicht gut aus. Sie arbeiten sich langsam, aber sicher zum Erfolg vor, doch wenn Sie ihn erreicht haben, brauchen Sie sofort das nächste Ziel. Eine 2 als Idzahl mildert einige depressive Neigungen.

9: Sie sind sehr reizbar und gehen keinem Kampf aus dem Weg. In Ihrer Persönlichkeit ist kein Platz für Graustufen, nur Schwarz und Weiß spielen eine Rolle. Das Bedürfnis, alles so rasch wie möglich zu erledigen, kann zu übereilten oder falschen Entscheidungen führen. Ihre Begeisterung und Großzügigkeit können von Selbstsucht und Arroganz überschattet sein. Die aufgehende Sonne dieser Zahl braucht den Ausgleich der untergehenden Sonne, etwa in der Konsonantenzahl 5.

Die Konsonantenzahl

Die Konsonantenzahl steht für das verborgene, unbewußte Ich, das Freudsche Id. Idealerweise sollte sie einen Ausgleich zur Vokalzahl schaffen (vgl. S. 38 ff.).
Die Konsonantenzahl errechnet sich durch die zur einziffrigen Quersumme addierten Konsonantenwerte eines Namens (Buchstabenwerte vgl. Tabelle S. 36).

```
P    E T E R    P A N
7    +2   +9 +7   +5 = 30
              3 + 0 = 3
```

Die 3 schafft keinen guten Ausgleich für Peter Pans Egozahl 1, da sie das Gefühl, aus einer anderen Welt zu stammen, noch verstärkt und seinen vielen merkurischen Eigenschaften eine gewisse Verletzlichkeit beimischt.

In Kürze stehen die Konsonantenwerte für folgende Eigenschaften:

1: Eine Gewißheit des eigenen Wertes und der Richtigkeit der eigenen Ansichten. Dieses Id ist ein strenger Lehrmeister, der Dummheit und Ungeschicklichkeit nicht gern duldet. Eine starke, strahlende Persönlichkeit und der ideale Ausgleich für ein bedrückteres Ego.

2: Eine reiche, ausufernde Vorstellungskraft ist hier so dominant, daß die Grenze zwischen Realität und Phantasiewelt fließend verläuft. Zusammen mit einem 2er-Ego nimmt das Imaginäre überhand. Eine erdverbundenere Zahl schafft Ausgleich.

3: Sie fühlen sich durch tiefen Glauben (an religiöse oder übersinnliche Kräfte) von anderen getrennt. Das heißt jedoch nicht, daß Sie nicht intensiv sinnlich empfinden und eine sehr erotische Persönlichkeit sein können. Prophetische Träume führen zu häufig eingegangenen hohen Risiken, die sich besonders beim Glücksspiel als fatal erweisen können. Sie brauchen eine positive Egozahl als Ausgleich.

4: Kreativität gepaart mit gesundem Menschenverstand sind bestimmende Eigenschaften. Beruflich kann Ihre Ausdauer als Sturheit ausgelegt werden, wenn Sie Ihre zahllosen Ideen möglichst rasch ausführen wollen. Der seltene Fall einer günstigen Paarung von gleicher Ego- und Idzahl.

5: Die Zahl der untergehenden Sonne kann einer gewissen Rastlosigkeit und exzentrischem Verhalten zugrunde liegen. Obwohl sich das abenteuerlich und anregend gestalten kann, ist es doch schwer, das richtige Ego als Ausgleich zu finden. Dieses Id bedeutet innerliche Isolation, braucht also eine möglichst extrovertierte Vokalzahl.

6: Philosophische Tiefe und eine Vorliebe für meditative Verinnerlichung kennzeichnen dieses sehr zurückgezogene Id. Es liebt die Sicherheit und haßt Veränderungen, weshalb es eine entgegengesetzte Egozahl als Abwehr gegen depressive Stimmungen benötigt.

7: Eine positive Zahl, die gut als Ausgleich für trübere Egos dient. Sie wissen instinktiv, wie die Dinge stehen und wie sie in Zukunft stehen werden. Sie fühlen sich in Ihrer eigenen Gesellschaft wohl, können dann aber auch zu mildem Suchtverhalten (etwa im Glücksspiel) neigen.

8: Vorsicht wird hier großgeschrieben – dieses Id warnt Sie unaufhörlich vor Risiken. Verschwendung materieller oder geistiger Art ist Ihnen zuwider. So große Vorsicht kann durch Repression einen besonders aktiven Sexualtrieb auslösen, der zu Problemen führen kann. Dieses Id braucht den Ausgleich der Nachmittagssonne, etwa die 4 als Egozahl.

9: Eine Zahl der tief verborgenen Wünsche, gepaart mit dem Unvermögen, sie zu äußern. Als letzte der Zahlenreihe bringt die 9 ein Gefühl der Enttäuschung und des Zorns über Dinge, die nicht erreicht wurden, mit sich. Eine 1 oder 9 als Egozahl wäre äußerst problematisch.

ZAHLEN UND GESUNDHEIT

Zahlen können allgemeine Hinweise über gesundheitlich gefährdete Bereiche geben. Die Schicksalszahl, die sich aus der Quersumme des Geburtsdatums ergibt, ist dafür der wichtigste Einfluß, der von den drei Namenszahlen modifiziert wird. Vergessen Sie aber nicht, daß der beste Rat, den Ihnen die Zahlen geben können, nur die Empfehlung einer angemessenen professionellen medizinischen Beratung sein kann.

1: Mögliche Herz-Kreislauf-Probleme legen Sorgfalt bei der Ernährung und ausreichende Bewegung nahe.

2: Hier stehen Verdauungsschwierigkeiten an, die teils von einem hochnervösen Naturell verursacht werden.

3: Wegen einer deutlichen Neigung zu Überarbeitung kann es zu nervlichen Störungen und damit verbundenen Hautproblemen kommen.

4: Die Schicksalszahl vieler Vegetarier, die sich wegen Nerven- und Verdauungsbeschwerden für diese Ernährungsweise entschieden haben.

5: Um Schlaflosigkeit, einer häufigen Folge von Streß und beständigen Sorgen, entgegenzuwirken, wird Meditation empfohlen.

6: Halsbereich und Herz-Lungen-Apparat sind anfällig, können aber durch ausreichende Bewegung an frischer Luft gestärkt werden.

7: Ständig in Sorge zu sein, selbst wenn eigentlich alles glattläuft, verursacht auf die Dauer Hautprobleme.

8: Einer Leberschwäche und Blutkrankheiten mit gelegentlichen rheumatischen Beschwerden sollte mit vegetarischer Kost als Maßnahme zur Reinigung des Systems begegnet werden.

9: Kinder leiden oft unter Masern und fiebrigen Erkrankungen. Erwachsene neigen zu fett- und kohlehydratreicher Kost, was zu vielen Problemen führen kann.

Die einzigen zweiziffrigen Zahlen von Bedeutung sind die doppelten Sonnen- und Mondzahlen.

11: Luxus und exzessiver Genuß werden als Mittel gegen nervöse Leiden eingesetzt, verschlimmern diese aber letztlich nur.

22: Depressive Tendenzen bringen etliche Schwächungen und Krankheiten mit sich.

BIBLISCHE ZAHLEN

Die christliche Bibel steckt voller bedeutsamer Zahlenangaben, einige davon von liturgischer Bedeutung, andere erlangen Gewicht durch ihren Kontext und ihre intertextuelle Beziehung zu Zahlen in anderen mythischen Schriften wie Thora und Kabbala. Die Namen in diesen Texten sind nicht aus sprachlichen Gründen verändert worden, sondern um ihren numerologischen Wert zu korrigieren. Das »h«, das aus Sara im Alten Testament Sarah in neueren Schriften macht, bringt das hebräische »Heh« und damit die Eigenschaften der Zahl 9 mit in den Namenswert ein, was auf spirituelle Erfüllung deutet. In Kürze zusammengefaßt ergeben sich folgende Interpretationen der biblischen Zahlenwerte:

Im Alten Testament bezieht sich **Null**, das Nichts, auf die Welt, die aus dem Nichts ins Leben gerufen wird, auf einen Neubeginn durch den Einen Gott. Die **1** selbst steht für Gott, und die **2** für die Gegensätze des Weltanfangs: Tag und Nacht, Mann und Frau, Himmel und Erde, Gut und

Böse. Die **3** ist die erste Dreifaltigkeit: Adam, Eva und ihr erstgeborenes Kind, welche die drei Bewußtseinsstufen Unterbewußtsein, Bewußtsein und Überbewußtsein repräsentieren. Die **4** stellt den ewigen Kreislauf der Jahreszeiten dar, der unser Leben beherrscht, die vier Elemente, die uns umgeben, und die vier Grundelemente Verstand, Körper, Geist und Seele, aus denen wir bestehen. Die **5** steht für unsere in Bewegung befindlichen Sinne, den Fluß, der unser aller Leben verbindet und uns zu Menschen macht. Unsere fünf Sinne helfen uns, wenn sie richtig eingesetzt werden, durch schwere Zeiten, und David besiegte Goliath mit fünf Steinen. Die **6** ist die Zahl der Schöpfungstage und ist verantwortlich für Heim, Familie und zwischenmenschliche Beziehungen. Die **7** ist als Zahl des Tages des Herrn die wichtigste Zahl in der Bibel. Sie repräsentiert die Macht des Glaubens. Josua und seine Priester ließen vor Jerichos Mauern siebenmal die Trompeten ertönen, und die Stadt fiel. Die **8** stellt die Schleife ewig kontinuierlicher Bewegung dar. Die Beschneidung, die für Jungen den Beginn ihrer Männlichkeit bedeutet, wurde am 8. Tag ausgeführt. Die **9** schließlich beendet den Kreislauf mit ihrer Bedeutung von Abschluß und Erfüllung.

Im Neuen Testament gehen die bedeutsamen Zahlen bis zur 13, da es um zwölf Jünger und Christus selbst geht. Die ersten neun Zahlen behalten ihre Attribute aus dem Alten Testament weitgehend bei. Die 3 erhält zusätzliche Bedeutsamkeit als Heilige Dreifaltigkeit von Vater, Sohn und Heiligem Geist. Christus ist dreimal auferstanden, wurde dreimal von Petrus verleugnet und war der dritte Mann, der in Golgatha gekreuzigt wurde.

Judas erhielt dreißig Silberlinge für seinen Verrat, und die zwölf Jünger weisen in zweifacher Hinsicht auf die 3 hin: 12 ÷ 4 = 3, und 1 + 2 = 3. Die zusammengesetzte Zahl **10** nimmt Eigenschaften der 1 und der Null an. Die **11** kann positiv als doppelte Eins oder negativ als 1 + 1 = 2, also die Schattenseite des Mondes, gewertet werden. Die **12** nimmt in der Bibel wegen der zwölf Jünger und Stämme Israels einen besonderen Platz ein. Parallelen finden sich in den zwölf Tierkreiszeichen. Sie steht für ein zahlenmäßig starkes Aufgebot. **13** ist die Anzahl der Mond-Monate eines Jahres und kann Mond-Einflüsse im innerlichen oder zukünftigen Leben ankündigen, trägt aber die Möglichkeit der Gesundung in sich. Wenn die 13 bei einer Zahlendeutung erscheint, steht sie für die Herausforderung, sich einem Problem – geschäftlicher, gesundheitlicher oder persönlicher Art – aufrichtig und entschlossen zu stellen. So wird es überwunden. Die weitverbreiteten abergläubischen Vorstellungen über diese Zahl erweisen sich selten als einflußreich.

ZAHLEN IM TAROT

Beim Legen von Tarotkarten kommt den Zahlen der Großen Arkana besondere Bedeutung zu – was den individuellen Sinngehalt der Zeichen der Kleinen Arkana (Stäbe, Kelche, Schwerter und Münzen) keineswegs schmälert.

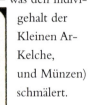

Die Nummer 1, der **Magier**, ist zuständig für Lebenskraft und Verständigung. Die waagerecht betrachtete 8, das Symbol der Unendlichkeit, wird im Bild häufig in

die Krempe seines Huts eingearbeitet. Er steht für die durch feste Ausrichtung auf ein Ziel erreichte Leistung. Konzentration bringt Erfolg. Die Nummer 2, die **Hohepriesterin**, verkörpert den weiblichen, unbewußten Geist. Fruchtbarkeit in körperlicher oder geistiger Hinsicht und Intuition stellen ihre Verbindung zum Magier her. Erst Denken, dann Handeln. Nummer 3, die **Herrscherin**, zeigt weibliche Macht, doch nicht in politischer Hinsicht, sondern als die Macht der Fortpflanzung, des Wachstums und der geistigen Fruchtbarkeit. Nummer 4 ist der **Herrscher**, der die Macht des Verstandes regiert. Er motiviert und stärkt die Entschlußkraft. Nummer 5, der **Hohepriester**, legt nahe, mehr auf die innere Gedankenwelt zu hören, und verleiht die Kraft, sich auf das eigene intuitive Verständnis der Dinge zu verlassen. Nummer 6, die **Liebenden**, steht für Wahlmöglichkeiten, nicht nur in der Liebe, sondern auch bei der Arbeit oder bei Auseinandersetzungen. Buchstäblich gedeutet gehört der Geruchssinn zur 6, doch metaphorisch läßt sie auch auf einen »guten Riecher« für Problemlösungen schließen. Wenn einmal eine Entscheidung gefallen ist, bleibt es aller Voraussicht nach auch dabei. Die 7, der **Wagen**, ist die Willens- und Verstandeskraft, die den Körper lenkt. Der Wagenlenker hält niemals die Zügel in der Hand, er steuert mit der Kraft seines Geistes. Nummer 8 ist eine problematische Zahl, da sie häufig durch die **Kraft** – eigentlich die Nummer 11 – ersetzt wird. Als Verkörperung der **Gerechtigkeit** ermahnt sie zu logischem und diplomatischem Verhalten. Sie steht auch für die Notwendigkeit des natürlichen Gleichgewichts in unserer Umwelt. Nummer 9, der **Eremit**, erhellt den Weg und empfiehlt eine Periode der Ruhe und des Nachdenkens. Meditation kann in schweren Zeiten weiterhelfen.

In der Numerologie schließt die 9 die Zahlenreihe ab. Die zweiziffrigen Zahlen, die folgen, enthalten noch einige der Eigenschaften ihrer Einzelziffern, zeigen aber vor allem die Werte ihrer Quersumme; 10 also steht zum Beispiel vor allem für die 1.

Nummer 10 ist das scheinbar zerstörerische **Rad des Schicksals**, das jedoch keine andauernden Katastrophen ankündigt, denn auf jedes Tief folgt ein Hoch, und das Rad bringt auch die Kraft mit sich, Probleme zu überwinden. Die Arbeitsstelle zu verlieren, kann zum Beispiel als schwerer Schicksalsschlag empfunden werden, doch letztlich vielleicht zu einer besseren Stellung führen. Die 11, die **Kraft**, bedeutet mit ihrer Quersumme 2 und deren Mond-Einflüssen moralische, psychische und körperliche Stärke. Die

12, der **Gehängte**, zeigt das umgedrehte Bild eines in der Wasseroberfläche gespiegelten Mannes. Die Dinge sind nicht, was sie, oberflächlich betrachtet, zu sein scheinen, so daß kleinere Nachteile bevorstehen. Doch die Verbindung zur Quersummenzahl 3 bedeutet stets Entwicklung und Wachstum. Die Nummer 13 zeigt den **Tod**, nicht unbedingt wörtlich, sondern auch »gestorbene« Ideen oder Abenteuer. Der Tod beinhaltet immer auch den Gedanken der Wiedergeburt, so daß die Verbindung zur Quersummenzahl 4 und damit zu Ausdauer und Arbeitsethos auch das Überstehen schwerer Zeiten bedeuten kann. Die 14, die **Mäßigkeit**, rät zum Einschlagen des Mittelwegs, besonders da die

Quersumme 5 vor unmäßigem Genuß von Essen, Trinken, Drogen oder Sex warnt. Die Nummer 15, der **Teufel**, fordert zu einer positiven Sichtweise auf. Negative Aspekte der eigenen Persönlichkeit sollten umgangen und auf die positiven Aspekte der Quersummenzahl 6 gesetzt werden, die Ehrlichkeit und Liebe zur Kunst als Hilfestellung mitbringt. Die 16, der **Turm**, steht für einen plötzlichen Erkenntnisschub, der wachrüttelt und ein klareres Verständnis der Geschehnisse ermöglicht. Die Quersummenzahl 7 bringt diesen Intuitionsvorteil in eine Tarotkarte ein, die oft negativ gedeutet wird. Die Nummer 17, der **Stern**, verheißt Hoffnung und Aufklärung. Die Ideen fließen nur so und beleben brachliegendes Gedankengelände. Die Quersummenzahl 8 fügt dieser Karte nur Beständigkeit hinzu. Nummer 18, der **Mond**, markiert den Abschluß des zweiten Zahlenkreislaufs. Die Mars-Verbindung der Quersummenzahl 9 belebt und stärkt. Der Mond ist das Zeichen der Träume und Alpträume und steht für die dunkle Seite der menschlichen Natur. Die 19, die **Sonne**, kehrt mit ihrer Quersummenzahl 1 zum Anfang der Reihe zurück. Sie ist die Karte für Glück und Gesundheit, die durch die Führungsqualitäten der 1 noch verstärkt werden. Nummer 20, das **Gericht**, bedeutet, daß alles in dieser Welt Erreichte in der nächsten beurteilt werden wird. Sie erinnert daran, daß eigene

Urteile stets so ausfallen sollten, wie man selbst beurteilt zu werden wünscht. Die Quersummenzahl 2 als Mondzahl mit der zugehörigen Unbeständigkeit kann zu Unentschlossenheit und deshalb verminderter Urteilsfähigkeit führen. Die 21, die **Welt**, ist die letzte mit einer Zahl versehene Karte des Tarot und steht daher für Erfüllung und Abschluß. Die vier Tierkreiszeichen auf der Karte verbildlichen die Grundgesetze des Universums, die – wenn sie eingehalten werden – zu neuen Anfängen führen. Die 3 aus der Quersumme führt den Neubeginn an. Die letzte Karte der Großen Arkana, der **Narr**, erhält für gewöhnlich keine Zahl, da er für die archaische Kraft des Nichts steht, aus der neues Leben entstehen wird.

QUELLENNACHWEIS

Die Illustrationen stammen aus dem Waite Tarot Rider Pack, dem Museo del Prado in Madrid, dem Museum Holstebro in Jütland, dem Kunsthistorischen Museum in Wien, der Nationalbibliothek (Giraudon) in Paris, der Corcoran Collection und von Grapharchive in London sowie aus dem Monte Carlo Casino in Monaco.
Der Verlag hat sich bemüht, alle Bildquellen korrekt zu bestimmen. Eventuelle Irrtümer werden in späteren Auflagen behoben.